X 1266.
F. e. z.

COURS

PRATIQUE ET PROGRESSIF

DE

LECTURE ÉLÉMENTAIRE,

OU

Nouvelle Méthode pour apprendre à lire le fran-
çais aux enfans et aux étrangers, par des procédés
*qui épargnent beaucoup de peine aux Maîtres, et
aplanissent toutes les difficultés pour les Élèves ;*

Par D. A. F. COURTOIS.

———

SECONDE CLASSE.

Combinaison *progressive* de tontes les lettres *simples,* par syllabes de
trois, quatre et cinq lettres, tant voyelles que consonnes ; lecture
de mots, phrases et discours à mesure de cette combinaison ;
disparution des signes et des petites lettres et lecture courante
sur les mêmes syllabes.

PARIS,

A LA LIBRAIRIE D'ÉDUCATION
D'ALEXIS EYMERY, rue Mazarine, n°. 3o.
1816.

AVIS.

Nous revenons sur le conseil de raisonner peu avec un enfant, dans une matière aussi abstraite que les principes de la lecture.

Ne lui disons jamais rien en thèse générale; bornons-nous à quelques explications simples et courtes, au moment même de leur application à la pratique. Ne lui parlons point dans les commencemens de *voyelles*, de *consonnes*; évitons les termes scientifiques d'*accens*, de *virgules*, d'*apostrophes*; tout cela ne doit être d'abord que des signes. Ce petit signe placé de telle manière, lui dit-on, indique telle chose; plus tard et de loin en loin, nous ajouterons: *Ce signe s'appelle virgule; cet autre, accent.* Ne versons la science dans sa jeune tête que goutte à goutte, et à mesure que son cerveau s'en imbibe.

C'est dans cette seconde classe que les *liaisons* des mots vont principalement se présenter. L'on a déjà vu comment cette partie essentielle de la lecture, jusqu'à présent si lente et si difficile, résulte tout naturellement de la distinction des lettres sonores d'avec les lettres nulles; il ne s'agit que de nommer toutes les premières, et les liaisons ont lieu.

Les maîtres savent qu'il est des *liaisons* que l'usage exige impérieusement; il en est d'autres qu'il ne fait que tolérer; il en est d'autres enfin qu'il repousse plutôt qu'il ne les admet. Si donc nous avons indiqué plusieurs de ces dernières, c'est parce qu'il ne peut y avoir d'inconvénient à y exercer *un peu* nos élèves. Ils ont déjà vu d'ailleurs que beaucoup de lettres ne se prononcent pas; ces lettres doivent en définitif venir toutes de niveau; or quelle occasion plus favorable de les y ramener, que le cas où il sera presque indifférent de les passer ou de les dire?

Au surplus, l'enfant lira comme son maître; car, nous ne cesserons de le répéter, il faut que le maître lise et qu'il lise beaucoup. *Ce moyen est facile, il est prompt, il est infaillible.* Lire par syllabes et faire répéter de même, c'est là toute la clef, tout le secret de la méthode. Qu'il lise donc lentement et naturellement; l'enfant, *perroquet*, répétera comme lui. Il reconnaîtra toujours la composition de la syllabe, car tout découle de principes; et lorsqu'il y a des exceptions, il en est prévenu d'avance.

Il est vrai que l'enfant, en lisant ainsi après son maître, lira un peu de mémoire; tant mieux: faisons concourir toutes ses facultés au but que nous nous proposons; en attendant l'œil s'exerce, et c'est tout ce qu'il nous faut.

Les maîtres qui ont beaucoup d'écoliers savent fort bien économiser le temps, en mettant à la même leçon tous ceux qui sont de la même force, de sorte qu'une même lecture suffit pour plusieurs. Ils savent aussi se servir des écoliers les plus forts pour montrer aux plus faibles, et notre méthode s'y prête merveilleusement bien.

Ne nous arrêtons pas trop long-temps sur les capitales; nous apprendrons à les connaître mieux à mesure qu'elles se présenteront.

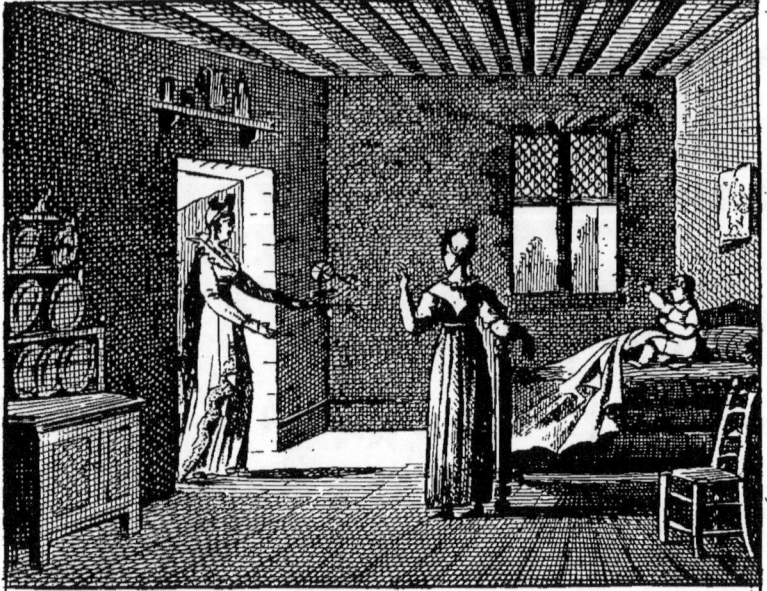

Aléxina.

Cloé, Cloé, le livre Vert !

COURS PRATIQUE

DE LECTURE ÉLÉMENTAIRE.

SECONDE CLASSE.

---

a, b, ç, d, é, f, ġ,
A, B, C, D, E, F, G,

h, i, j, k, l, m, n,
H, I, J, K, L, M, N,

o, p, q, r, s, t, u,
O, P, Q, R, S, T, U,

v, x, y, z.
V, X, Y, Z.

ba-l$_e$ bal, vi-f$_e$ vif.
bal bėl bil bol bul.
var vėr vir vor vur.

Dur, şėc, mal, şėl, bėc, şėpt,
pur, vol, coq, d'or, vif, şac,
mèr, vèr, l'ail, Mèt$_z$, şix, dix.

Dės â, dės ô, u-nir, a-mèr,
par-tir, şor-tir, fé-lix, é-mail,
şo-léil, vic-tor, ġ$_e$or-ġe, zig-
zag, gaş-par, ja-cob, a-mėn,
fit-il, A-lèz, U-sèz, rès-şort.

Sur-ve-nir, alé-xiş, dix écu$_s$,
mon éf-for$_t$, şon é-véil, pér-vér-
tir, é-tér-nėl, al-lèz-ẏ, ve-néz-
ẏ, lés hi-vèr$_s$, ton ami, q$_u$'il
par-ti$_t$, q$_u$'ẏ fit-il? ç'èst aşşéz.

Ne pèr-déz pâs vôs annéeˢ; çètte pèr-te éˢᵗ difficile à ré-parér, éᵗ le remorˢ qui en éˢᵗ le résul-taᵗ éˢᵗ amèr éᵗ étér-nél.

Céléş-tine a donné çét hi-vèr şix écuˢ à şix amiˢ mala-deˢ, éᵗ dix habiᵗˢ à dix homm-meˢ éxténuéˢ par la misère.

Le pe-tit Oliva-rèz éˢᵗ par-ti de Mèᵗz, a paşşé par U-sèz, éᵗ a été visitér à Ro-dèz şéˢ amiˢ Ximé-nèz éᵗ Caza-lèz.

Geor-ge éᵗ Caliş-te şaveₙ-t ob-şèr-vér léˢ égarᵈˢ duˢ à déˢ amiˢ éᵗ à déˢ camaradeˢ; çéˢ égarᵈˢ şèr-veₙ-t à évi-tér éᵗ à bannir léˢ diş-pute-ˢ éᵗ léˢ querélleˢ.

Mon ami Vic-tor ş'éffor-çe de par-venir à la vér-tu par le par-ti qu'il a adop-té de şe cor-rigér et c'ést çe qu'il éxécute avéc şuc-çès : més amis, imi-téz Vic-tor.

La léc-ture ést d'abord diffi-çile ; alléz-y pâs à pâs ; avéc dés éfforts şuc-çéşsifs, l'on ar-rive petit à petit ; Aléxis, qui pér-şévére, ne tar-dera pâs à y par-venir.

Rès-péc-téz lés avis de vôs pére et mére ; éxécutéz-lés avéc éxac-titude : si je pér-şiş-te à cét égard, c'ést par-çe que l'é-tér-nél l'a ordonné, et c'ést l'é-tér-nél qui parle içi par mon organe.

Gaş-par a été mis à la léc-ture vèrs le şix, vèrs le dix de juillèt de l'annéе pâşşéе ; ét comme il n'a pâs étudié avéc aşşéz de zéle, il ne la termi-nera que vèrs le şix, vèrs le dix de juillèt de çétte annéе.

J'avér-tis içi le pe-tit Omèr, qui pâşşe şa vîе à ş'amusér ét à şe divér-tir, que ş'il ne ş'a-donne pâs à la léc-ture, il ne tar-dera pâs à şe pér-vér-tir, ét qu'il şera une bête le rèşte de şa vîе. Qu'il lise à çét éffét l'a-pologue du coq ét de la pèrle.

Le Coq et la Pèrle.
Allégorîe.

Le coq d'une fèrme détèrra par hasara une bèlle pèrle parmi dès hèrbes ; or, comme çètte pèrle ne put şèrvir à raşşasiér şon appétit, il şe hâta de la portèr à l'homme de la fèrme. Cèt homme garda la pèrle, èt donna du petit millèt à çe même coq, qu'il satişfit comme ça par une bagatèlle.

Ce coq fut une bête èt fit une şottişe; ş'il eut şu éştimèr

une pèrle, il ne l'eut pâs don-
née, comme il fit, avéc une
pèrte şi énorme.

Liséz, més amis, étudiéz; je
ne çéşse de le répétér ét je
le répéte juşqu'à la şaţiété;
ç'éşt par l'étude ét la lécture
qu'un homme şe mét à même
d'eştimér lés objèts çe qu'ils
valent; il ne ş'agit pâs içi d'une
pèrle; il ş'agit de parvenir à
dirigér lés actes de şa vîe vèrs
çe qui ést utile.

Le petit Omèr şe rapéllera-
t-il l'apologue du coq ét de la
pèrle?

bi-a bia, pi-é pié, fi-o, fio.

bia bié bio biu.

pia pié pio piu.

Lui, nuit, pié, fuit, cuit, poè-le, pié-ce, étui, fio-le, pio-lér, vio-le, sui-vi, coè-fe, pi-tié, nui-re, cui-te, hui-liér, boè-te, métiér, depuis, papiér, piail-lér, moè-le, fiè-re, altiér, réduit, fuÿéz, ta-fia.

Appuÿéz, joâil-liér, hui-tie-me, babio-le, familiér, naÿade, baÿone, paÿène, amitié, çeri-siér, épui-sé, ratafia, pié-rètte, èssuÿé, cui-siniér, affèc-tio-né, si-xiè-me, di-xiè-me, écuèl-le.

Geneviè-ve, qui n'ést ni fié-re ni altié-re, a eu pitié d'une vièille femme du quartiér épui-sée de fatigue, ét lui a donné une petite piè-çe, dés pommes cui-tes ét du ratafia.

Que l'écoliér şui-ve çe que je puis lui dire ; ş'il ést à l'école qu'il fuîe lés babio-les, qu'il ne piâille pâs, ét de çette manié-re il ne nui-ra ni à şés camarades ni à lui-même.

Étiénne, qui ést afféctionné à l'étude ét qui a şu ş'attirér l'amitié de papa, a eu à şa dernié-re fête un étui d'aciér ét une boè-te de buis, ornée de pièrreries ; ç'èst le joâilliér qui lés lui a garnis.

Cés jolies cerises viènnent dés cerisiérs du jardiniér, èt çés bélles pommes viènnent de sés pommiérs. La lumié-re du soléil lés a colorées de çette manière ; lés cerises sèrvent à formér le ratafia.

La malice de Piérètte, qui a gâté le papiér de Bastiénne, èt qui n'a pâs su l'èssuÿér, a eu dés sui-tes : élle a fui dérrié-re le puits, èt n'a pâs su appuÿér le piéd ; élle a cassé sa fio-le, égaré sa coèffe èt s'èst déboè-té le piéd.

Pié-rot a lu, ét a lu de şui-
e, depuis la şixié-me juşqu'à la
lixié-me page. Qui n'a pâs vu
e joli petit fusi (fusil) que şa
nama lui a donné? Ce fusil
!st garni d'une bayonnétte, ét
?ié-rot fera l'éxérçiçe avéc.
La baïonnétte a été imagi-
née à Bayonne; ét ç'ést de là
[u'élle a été nommée baïonnétte.

La modéştîe ést le partaģe
lu mérite; il ést râre que la
modéştîe, qui ést déjà une vér-
u par élle-même ne reçéle
lés qualités réélles qui n'atti—
rent pas d'aborɑ lés regarɑs, ç'ést

l'opposé de la vanité qui şe mèt de şuite en étalage, ét par la şuite ne juştifie pâs çe qu'èlle fit éşpérér.

La Piéçe dorée ét la Boète de buis.

Apologue.

Un homme pérdit une piéçe dorée ét une boète de buis; un écoliér qui paşşa par la même rûe lés apérçut, ét şéduit par l'aşpéct de l'or qu'il vit luire, il şe jeta de şuite şur la piéçe, ét ne jugea pâs que la boète valût même la pèine de la ramaşşér. Une pérsonne survenûe depuis ne jugea pâs de même, ét ramassa la boète ; or, qu'en arriva-t-il? la piéce examinée fut reconnûe, ét fut à pèine éstimée quélques deniérs. A l'égard de la boète, dés que le dessus en eut été levé, on admira de bélles pièrreries qui furent évaluées dix-huit piéces d'or.

Cét apologue marque asséz la vérité de çe qui a été dit çi-dessus ; ne jugéz ni dés hommes, ni dés objèts par le dehôrs ; par çe même motif un écoliér sage ne fera pâs parade de sés petites qualités.

be-la bla, be-lé blé.

ble bla blé bli blo blu.
fre fra fré fri fro fru.

Pli, pris, prix, près, trop,
très, plus, grâs, gris, plat, gré,
blé, cris, frit, flot, flux, clé.

Plâ-tré, flé-tri, pro-pre, prê-
tre, tri-ple, mar-bre, su-cré,
dra-gées, cla-que, frè-re, fra-
pé, so-bre, pro-grès.

Prê-tri-se, Gre-no-ble, op-
pro-bre, bla-ma-ble, ta-bli-ér,
gri-sâ-tre, A-bra-ham, pro-ba-
ble, pré-cepte, fri-a-ble, flé-
xi-ble, Être su-prê-me.

Adoréz l'Être şuprê-me, adréş-şéz-lui votre pri-ère, pra-tiquéz şés pré-çéptes; ç'èst l'Être şuprê-me qui a cré-é ét qui régle lés aştres de même que notre globe térrèştre.

C'èst par şa grâ-çe que l'homme créé à şon image ést capable de şuivre şés décrèts şubli-me-s ét immuables; ç'èst lui qui, après notre mort, ap-pli-quera le şuppli-çe du cri-me ét diştri-bûera le prix de la vértu.

Fré-déric a pro-fité du dé-part de şa mére; il a pris le şu-cri-ér şur la table, ét ş'èst mis

à cro-quér du sucre; sa mére
ėst revenûe plus vite qu'il n'eui
cru, ėt il ėst allé la caréssér;
ėlle a reconnu dés tra-ces de
sucre sur sés lèvres, ėt l'a ap-
pelé petit hypocrite.

Ne mépri-séz pâs votre livre, tenéz-le pro-pre; la pro-
pre-té ėst une vertu agré-able,
ėlle marque un ėsprit d'ordre,
un ėsprit réglé; celui qui n'ėst
pas propre ėst mépri-sable.

Clo-é, qui s'ėst appli-quée dés
la première clâsse, a très-vite
mérité le prix du livre vert.
Oh de quėlle allégrésse ėlle a
été ravîe l'après dinée que sa

mama l'a appelée ét lui a dit :
Clo-é, Clo-é ! le livre vért ; élle
en a tréssailli.

Ne blâ-méz pâs, ne cri-tiquéz
pâs votre frère ; l'éṣprit de
blâme ét de cri-tique ne produit que dés tra-caṣṣerîes déṣa-
gréables ; il ést pré-férable d'ê-
tre plus fléxible, de ṣe pli-ér,
de ṣe pré-tér à ṣés idées.

Clo-tilde, Silvèṣtre, prenéz
votre plume, appre-néz à é-cri-
re ; l'écri-ture ést de pre-mière
néçéṣṣité. Je pro-méts à Clara
qui ṣ'y appli-que, dés progrès
tri-ples de Gertrude ét d'Aglaé
qui ne ṣ'appli-quent pâs.

şe-ta şta , şe-pi şpi.
şe-co şco , şe-ca şca.

Sta-tûe, şty-le, şta-ble, sté-
rile, ştu-pide, şto-ïque, şqué-
lètte, şpé-çial, şta-nişlaş, şco-
laştique, şpi-rituel, ş'ob-ştinér,
l'ob-şcurité, şta-bilité, per-şpi-
caçité, şté-réotype.

Il y a de la ştu-pidité à réş-
tér immobile comme une şta-
tûe. Le şpé-çifique le plus şpé-
çial, le plus propre à écartér dès
idées de viçe et de mal, ç'ést le
travail. La parèşşe ést şté-rile,
èt ne procure à l'éşprit que de
l'ob-şcu-rité.

Dubois. S.

Le frère de Sco-laṣtique , le petit Sta-niṣlaṣ, qui èṣt ṣpi-rituél ét qui ṣ'ob-ṣtine à ṣuivre méṣ préçèpteṣ avéc une ṣta–bilité ṣto-ïque, acquérra de la pér-ṣpi-caçité. Il ne ṣera pâs ṣtu-pide comme le lièvre de la fa-ble çi-aprèṣ.

Le Lièvre ét la Tortûe.

Fable.

Une tortûe éṣt un animal d'une forme aṣṣéz bizârre ; élle porte, à la manière d'une cui-raṣṣe, une grôṣṣe écâille très-dûre, qui lui ṣèrt de réfuge;

2*

élle s'y retire dés qu'elle ést me-
naçée de quélques périls. La
tortûe ne quitte pas şon écâil-
ḷe, ét par çe motif, élle ést
obligée à ne şe promenér qu'a-
véc une éxtrême difficulté. Le
liévré, à l'opposé, ést très–vif
ét très–légér.

Le liévre, par une bélle ma-
tinée, apérçut une tortûe, ét
şe moqua de çe qu'il lui plut
d'appelér şa parésşe. Je parîe,
lui diṭ çélle–çi, que j'arrive la
premiére près de çét arbre qui
ést là bâs. Si çe n'ést pâs une
râiḷleríe de ta parṭ, répartiṭ le
liévre, j'acçépte le défi, ét je

t'avèrtis qu'il èst plus que pro-
bable que tu le pèrdrâs.

La tortûe ne répliqua pas le
mot ; èlle partit de suite, alla
pâs à pâs le plus vite qu'èlle
pût, èt ne s'amusa pâs à dés
bagatèlles.

Le lièvre ne crut pâs qu'il
fût de sa vanité de se prèssér;
il se divèrtit à examinér mille
èt un objèts qui s'offrirent à sés
regards ; de sorte qu'il ne s'oc-
cupa plus du pari : puis dés
qu'il vit la tortûe près de l'arbre, lèste, lèste , il se mit à
partir avèc le plus de rapidité
qu'il lui fut possible. Cela fut

inutile; èt malgré le dépit èt le regrèt qu'il en eut, la tortûe arriva la premiére, èt il pérdit la gageûre.

Més amis, profitéz de çètte fable; élle offre plus d'une moralité : apprenéz d'abord qu'avéc du travail èt du zéle, lés difficultés s'aplanissent, èt que l'on arrive petit à petit, comme fit la tortûe.

Apprenéz de même que çelui qui pèrd sés années ne sera plus libre de réparér çètte pèrte dés qu'il le désirera, èt alors que de regrèts !

fié-r_e fiér, hui-t_e huit,
fié-f_e fiéf, şui-f_e şuif.

Fuir, miél, fiél, juif, liar_d,
puiş-que, opiat, fiér-té, şuit-il,
nuit-il, çiér-ge, viér-ge, reliéf,
il acquiér_t, bién élevé, bién
habile, il n'a rién eu.

Piét-à-tèrre, şiét-il? meşşiét-
il? li-séz de mê-me : piéd à tèrre,
şiéd-il? méşşiéd-il?

Pièrre, qui n'é_{st} pâs bién é-
levé é_t qui n'a rién appri_s, é_{st}
très-fiér : çela n'étonne pâs,
puiş-que la fiér-té é_{st} le partage
dé_s şô_{ts} : il ne şiéd à pérşonne
d'être fiér; le mérite même

acquiért du relief par la mo-
déstie.

Le miél, de même que la
çîre ést produit par lés abéil-
les; la çîre şéparée du miél şèrt
à formér lés çièrges. On offre
dés çièrges à la viérge par
pi-été: la çîre diffère du şuif;
le şuif brûle comme la çire.

Le viçe a un appât qui şéduit ét qui attire comme le
miél: çelui qui n'a pâs şu le
fuir n'évitera pâs l'amèrtume
du fiél qui le şuit ét le punit
par lés remôrds; ç'ést çe qui arriva à la guêpe, qui refuşa de
réştituér le miél de l'abéille.

bru-i bruit, plu-î pluîe.

Bruit, pluîe, trui-te, frui-tiér, dé-truire, usu-fruit, para-pluîe.

On appélle arbres frui-tiérs lés arbres qui portent dés fruits. Il y a dés fruits de mille éspèçes.

Pérsévérez ét ne dé-trui-séz pâs le fruit de vôs pèines par la parésse ; l'usu-fruit, més amis, en ést résérvé à çelui qui pérsiste.

La forçe ést le fruit de la fatigue ; nagéz comme dés trui-tes ; ne portéz pâs de parapluîe ; bravéz lés frimâs, la pluîe ét le bruit du tonnère.

L'Abéille ét la Guêpe.
Fable.

Une abéille pèrdit le produit ét le fruit de şés pèines ; ç'ést-à-dire, qu'élle pèrdit le miél fabriqué par şon adrésse.

Bién affligée, élle vola de divèrs cotés malgré la pluîe, ét quéstionna lés petites bêtes qui ş'offrirent à şa vûe. Sur quélques bruits vagues, élle şe porta vèrs une colline, et là élle vit une guêpe şuçér çe même miél pèrdu. L'abéille pria la guêpe de le lui réstituér, çélle-çi ş'y refusa, ét lui dit : Ce miél ést ma propriété, ç'ést le résultat de més fatigues; tu n'âs pâs çette capacité, répartit l'abéille, ét depuis quélle époque une guêpe ést–élle en état de produire du miél ? Malgré çette réplique, la guêpe pérsista, ét l'abéille ne pût rién obtenir.

Par bonne fortune, un animal pâssa par là : çe fut le lézard. L'abéille le pria de décidér la querélle, ét lá guêpe ne put s'y refusér. Après que le lézard eut bién éxaminé le sujét de la dispute : pâs de bruit, pâs de querélle, dit-il, ét il ordonna à l'abéille ét à la guêpe de fabriquér du miél paréil à celui-là; c'ést ce que l'abéille éxécuta de suite, ét la guêpe ne le put pâs. Alors le lézard reconnut la vérité; il adjugea le miél à l'abéille, ét la guêpe se vit obligée de fuir bién humiliée.

Gardéz de retenir çe qui ést à vos camarades, réstituéz çe qu'ils pèrdent : le vol ést reconnu de quélque maniére ; il ést puni avéc sévérité, ét celui qui vôle ést déshonoré; or, c'ést volér que de ne pâs réstituér çe qui a été pérdu.

bré-f brêf, tro-c troc.

Brêf, troc, broc, froc, bloc,
gréc, cric-crac, tric-trac, tris-
te, brus-que, flas-que of-frir,
flétrir, clar-té, pros-pér, pros-
crit, prés-que.

Prés-qu'île, éclip-se, agrés-
te, prés-tige, fruc-tifie, trop
épris, pros-péré, très-uni, plas-
troné, pros-térné, dés-crip-tif,
plus on a, plus on ést.

Micros-cope, flég-matique,
très-affable, re-gréts amèrs, sa-
crés ét profanes, flé-tris ét mé-
prisés, célèbre-s ét illustre-s, illustre-s ét célèbres.

Pros-pér ést brus-que, il a dés maniéres agréstes, il ne tra-vaille présque que de bric ét de broc; cric, crac, préste, préste, ét ç'ést fini; cela ést tris-te, car ce travail si bréf n'ést pâs celui qui pros-pére ét qui fruc-tifie.

Ne liséz pâs d'une manière molle ét flasque, pros-crivéz la monotonie; plus on arrive plus on ést obligé de s'en abstenir. Pratiquéz cétte régle comme je la prés-cris; imitéz à cét éffét la facilité naturélle d'une pér-sonne qui parle avéc grâce ét avéc clar-té.

rap-t_e rapt , şèr-f_e şèrf.

Laps, rapt, porc, mars, şèrf, nèrf, marc, lorsque, fort affable, fort habile, porc-épic, divèrs avi_s, s'obs-tiné_r, substitué_r, l'obs-curité, lé_s mèrs é_t lé_s tèrre_s; vil_s é_t perfide_s, épars é_t dispèrsé_s, pèrs-picacité, hi-vèrs obs-cur_s é_t humide_s, dé_s remors étérnél_s é_t inutile_s.

Justine s'é_{st} piqué le nèrf du bra_s, il en é_{st} résulté qu'éllé a le tact fort irritable.

Oh ! le joli peti_t Turc qu'on a donné à Marc ! ce Turc é_{st} armé de sabre é_t de pistolè_{ts}.

Le rapt d'une belle femme grèque nommée Hélène, est célèbre; ce rapt a occasioné une guèrre qui a duré le laps de dix années.

Le talc est une sorte de gypse qui s'éxfolie par plaques déliées; le talc donne passage à la lumière; on a usé de talc à la place de vitres.

Le petit Marc qui a étudié le laps d'une demi-année, à datér du dix-sépt mars, est devenu fort habile sur la lécture, ét il ne lui a même pâs fallu dés éfforts éxcéssifs.

Le porc-épic ést hérissé de

petites piques pareilles à dés
plumes ébarbées; le porc-épic
a quélque rapport avéc le porc,
ét c'ést de là qu'il a été nommé
porc-épic.

L'écoliér qui s'obs-tine à
imitér dés amis pérvèrs ét dé-
pravés, ét qui n'a pâs su s'en
abs-tenir lors-qu'il l'a pu, sera
puni par dés regréts ét dés remors amèrs ét étérnéls.

Subs-tituéz l'étude à la parésse; par dés éfforts progréssifs
ét habituéls, l'ésprit acquiért
de la pérs-picacité, ét se mét
en état de surpassér lés difficultés qui rebutent le plus.

La Pérdrix ét şés petits.

Fable.

Une vièille pérdrix alla ş'é-
tablir sur le roc le plus inac-
céssible d'une colline très-
élevée. Là, élle se mit à pré-
parér le nid déstiné à sa famille
futûre. Lorsque sés petits furent
éclos ét en état de trottér, élle
profita de l'obs-curité de la
nuit ét lés mena par dés passages secrèts ét éscarpés vèrs le bâs
de la vallée, à travèrs lés blés ét
lés séiglés. Dés que le soléil pa-
rut, élle rappela sés petits épars

Dubois. S.

ét dispersés, ét lés ramena à la colline par lés mêmes passages.

Lés petites pérdrix étonnées de ce manége quéstionnérent la mére sur ce mystére. La malice de l'homme ést plèine d'adrésse ét de ruse, répliqua la pérdrix. Il a déclaré à notre éspèce une guèrre cruélle; ce n'ést de même qu'à force de ruse, ét présque par miracle qu'on évite sés piéges ét sés armes. D'après cela suivéz lés pas de votre mére.

Lés petits furent d'abord discréts ét dociles ét ils prospérérent. Après quelque-s allées ét

venûes, le plus grôs ét le plus
fort, se crut en état de se dirigér d'après sa propre tête; il
s'écarta de sa famille, malgré
lés cris ét lés avis de sa mére
qui le rappela à divèrses repri-
ses. Cétte opiniâtreté eut dés
suites cruelles; il alla se jetér à
la légére à travèrs lés filéts d'un
homme; là il fut pris, ét puis
après fricassé ét croqué.

Que la disgrâce de cette petite pérdrix sèrve à votre profit.
A votre âge on ést trop obstiné,
ét trop disposé à n'agir qu'à sa
tête; puis on en a dés regrèts
amèrs ét inutiles.

s_e-cri scri, s_e-cru scru.

Scri-be, scru-ter, scru-pule,
stra-tagéme, stra-tonice, stuc,
czar, spéc-tre, spas-me, scor-
but, scul-pté, spéc-tacle, stig-
mate, scul-pture, scor-sonère,
psal-modie, spas-modique.

L'Etre Suprême scru-te nos
idées lé_s plus secrétes.

Lé_s monarque_s de Russie se
nomme_{nt} Czârs. Lés Czârs do-
mine_{nt} sur dés étâ_{ts} très-vastes
ét la plupar_t désèr_{ts}.

Stra-tonice s'applique şi fort
à l'écritur_e, que şés amîes l'ap-
pélle_{nt} petite scri-be. Stra-to-

nice se moque de ce sobriquét de scribe, ét persiste à écrire.

Le stuc se tâille, se scul-pte comme dés blocs de marbre. Il y a une bélle sta-tûe de stuc à l'extrémité du partèrre du papa de Stra-tonice. Cétte sta-tûe, vûe de l'extrémité opposée, produit le plus joli spéc-tacle par l'éffét de la pér-spéctive.

Il n'y a pâs de spéc-tres; riéz dés fables de spec-tres que dé-bitent lés vieilles femmes; elles disent que le spec-tacle d'un horrible spec-tre a donné dés spas-mes à tel ét à tel, c'est une sottise; il n'y a pâs de spec-tres.

dés fruits a-mèrs.

le bruit èt l'éclat.

létruit-il? il détruit èt altère.

L'homme èst comme un ar-
bre fruitiér; il porte dés fruits
agréables èt dés fruits amèrs
d'après la culture qu'il a reçue.

L'homme discrèt èt modeste
fuit le bruit èt l'éclat, parce que
ce bruit èt cet éclat détruit èt
altére le calme de sa vie.

L'écoliér qui a étudié avéc
assiduité èt qui se néglige par
la suite, ne détruit-il pas le
fruit de sés pèines?

stra-şe stras, spal-te spalt.

Stras, spalt, stric-te, struc-ture, publics èt secrèts, fièrs èt cruels, serfs èt sujèts, les Turcs èt lés Juifs, lés Juifs èt lés Turcs, strict, stricts èt sévères.

Le spalt èst une sorte de pierre qui brille.

Le stras èst une éspèce de cristal; Ernestine a une bague de stras.

On appelle serf un homme qui èst né esclave; le czar de Russie a dés serfs èt dés sujèts.

On a donné à Sta-nislas, qui èst déjà à sa quatriéme clâsse, plus de mille petits soldats de buis coloriés, avec dés plumèts sur la tête. Cés soldats placés sur une table, figurent dés armées ét dés batailles; d'une part dés Turcs ét dés Pèrses; ét vis-à-vis, dés Strélitz de Russie. Lés soldats arrivent ét reculent par une mécanique. Lés Turcs attaquent lés Strélitz qui se retirent, puis lés Strélitz reviennent ét attaquent lés Turcs. Lés Turcs étonnés fuient, puis reviennent de même.

C'èst une petite merveille que cette mécanique, ét Stanislas s'en amuse à ravir.

J'établis ici dés préceptes trop stricts ét trop sévéres ; telle ést la structure du mot stricts articulé par sépt lettres. On évite de liér lés mots lorsque cela produit dés syllabes trop dures. Si malgré cette régle, je donne à lire de telles syllabes, c'ést parce qu'il ést bién à propos d'y exercer votre organe; liséz à ce sujét la petite historiette qui va suivre.

Le petit Jacob et sa Bonne.

Le petit Jacob n'eut pas fini sa première année qu'il articula déjà ses mots avec assez de facilité. Il n'y eut d'excepté que quelques syllabes des plus difficiles, comme cela est assez naturel à cet âge, lorsque l'organe n'est pas développé.

Sa bonne, de même que les personnes qui l'élevèrent, eussent pu le corriger de ces légers vices, et cela n'eût pas été très-difficile : il n'eût fallu à cet effet que bien articuler elle-même ces syllabes, et exercer le petit élève à les répéter avec quelqu'effort. Ces personnes firent juste l'opposé ; elles prirent sa manière délicate et grasséyerent de même. Fallut-il

dire : Je gage, je juge, des liards,
de la paille, commode, cama-
rade; elles dirent à sa manière :
Ze daze, ze zuze, des iards,
de la pa-ye, tomode, tamara-
de; comme s'il y eût eu plus de
grâce à cette affèterie.

Une après-dinée que ses petits amis allèrent s'amuser avec
lui, la bonne dit à ces derniers
dès qu'ils furent arrivés: Zatob
a été saze et il a eu tes drazées
et tes zuzubes, ce qui les fit
éclater de rire. Elle eût dû dire
d'une manière nette et cor-
recte : Jacob a été sagé et il a
eu des dragées et des jujubes.

Quel fut le résultat de ce procédé? Jacob n'eut plus de modéle à suivre et à imiter; son organe répéta les mots de la même manière qu'ils frappèrent son oreille; cet organe s'habitua, se plia, se façonna à cette défectuosité. Arrivé à sa dixième année, Jacob s'aperçut par les railleries de ses camarades, de ce ridicule qu'on a déjà de la peine à passer à une jolie femme, et qui messied à un homme; il eût désiré alors se corriger; cela ne fut plus possible, et il parla mal le reste de sa vie.

48

Suite d'Alexina.

La mère d'Alexina, ravie comme en extâse, reçut la belle dame avec le plus de politesse qu'il lui fut possible. Celle-ci la salua et se dirigea vers le lit de la petite, fit sur elle quelques gestes bizarres, et plaça sur les pieds du lit une petite mécanique, d'une structure admirable. Puis elle s'adressa à la mère, et lui dit : Espère, si ta fille est bonne et sage, elle sera reine. A peine eut-elle proféré ces mots qu'elle se retira et disparut. La mère, plus étonnée de ces paroles si mal d'accord avec l'état de sa fortune, que de la visite elle-même, alla vite examiner la mécanique........

(La suite à la fin de la troisième Classe.)

FIN DE LA SECONDE CLASSE.

IMPRIMERIE DE FAIN, RUE DE RACINE, N° 4.